W0191272

Für Christine, von der ich gelernt habe,
warum Vergebung so wichtig ist.

Kitty Guilsborough

Das kleine Buch vom Vergeben

Loslassen, was uns verletzt, und innere Freiheit gewinnen

Aus dem Englischen übersetzt
von Karin Weingart

WILHELM HEYNE VERLAG
MÜNCHEN

Penguin Random House Verlagsgruppe FSC® N001967

Taschenbuchserstausgabe 03/2022
Copyright Design, Layout, Illustrationen © 2021 by Octopus Publishing Group
Text copyright © Kitty Guilsborough 2021
© dieser Ausgabe 2022 by Wilhelm Heyne Verlag, München,
in der Penguin Random House Verlagsgruppe GmbH,
Neumarkter Straße 28, 81673 München
Alle Rechte sind vorbehalten. Printed in Germany.
Redaktion: Dr. Diane Zilliges
Umschlaggestaltung: Guter Punkt, München, unter Verwendung von Motiven
von © beakraus/iStock/Getty Images Plus
Designer und Illustrator: Abi Read
Herstellung: Mariam En Nazer
Satz: Vornehm Mediengestaltung GmbH, München
Druck und Bindung: PBtisk, a.s., PŘÍBRAM
ISBN 978-3-453-70431-2
www.heyne.de

Inhalt

Einführung

Grundlos greift niemand zu einem Buch über Vergebung.

Sie sind verletzt worden. So sehr, dass Sie es einfach
nicht vergessen können. Jemand hat Ihnen – oder einer
Ihnen nahestehenden Person – etwas so Schlimmes, so
Herzzerreißendes, total Niederschmetterndes angetan,
dass Sie wieder und wieder daran denken müssen.

In diesem Moment könnten Sie x andere Bücher lesen, Hunderte anderer Dinge tun. Ja, eine ganze Welt wartet da draußen auf Sie. Und Sie? Lesen ausgerechnet dieses Buch und denken an Ihre alte Verletzung. Sie überlegen aber auch – zum ersten oder aber auch zum wiederholten Mal –, ob es nicht Möglichkeiten der Heilung gibt.

Denn etwas in Ihnen möchte den Schmerz überwinden. Sie wollen sich nicht länger von ihm definieren lassen. Woher ich das weiß? Weil Sie zu diesem Buch gegriffen haben und nicht zum *Kleinen Buch der Schuldgefühle*. Und auch nicht zum *Kleinen Buch der Rache*, der *Vergeltung* oder der *Bestrafung*. Nicht einmal um Gerechtigkeit dreht sich das Büchlein, das Sie gerade in der Hand halten. Sondern um Vergebung.

Vergebung lässt sich schwer erklären, zum Teil weil nicht alle mit diesem Begriff dasselbe assoziieren, aber auch weil sich nicht Vorhandenes nun einmal nicht exakt bestimmen lässt. Vergebung führt zur Abwesenheit von bestimmten Gefühlen – zur Abwesenheit von Zorn, Groll, Rachegelüsten. Denn Vergebung stellt die freiwillige, bewusste Entscheidung dar, den Groll und den Zorn der Person gegenüber loszulassen, die Sie verletzt hat. Es ist eine Entscheidung gegen das Hängen an der Vergangenheit und für die Zukunft. Für das Jetzt und gegen das Damals. Eine Entscheidung gegen die Story über Ihren Schmerz und für tausend andere Geschichten, die Sie über sich erzählen können. Für ein neues Narrativ. Es geht darum, sich als überlebende Person zu verstehen statt als Opfer. Darum, die Kontrolle über dieses Narrativ zu übernehmen. Die Verantwortung für Ihre Lebensgeschichte.

Denn in Wahrheit geht es bei Vergebung nur um eines: um Sie.

Und um Sie dreht sich auch dieses Buch.

Der Prozess der Vergebung

Bevor wir anfangen, möchte ich Ihnen sagen, wie leid es mir tut, dass Sie verletzt wurden. Was passiert ist, weiß ich natürlich nicht, ich weiß nur, dass es unrecht war. Jemand hat sich Ihnen gegenüber nicht korrekt verhalten, war herzlos und unfair. Hat Sie verletzt.

Wir alle, die wir uns für Vergebung interessieren, haben traumatische Erfahrungen gemacht. Jede und jeder von uns stand einmal – oder steht auch momentan noch – mit Kummer und Schmerz auf du und du. Ich weiß nicht, welches Trauma Sie erlitten haben, aber ich weiß, dass es unrecht war. Es war unrecht und hätte nie geschehen dürfen.

Vielleicht hat Ihnen noch nie jemand gesagt, wie leid es ihm tut. Vielleicht haben Sie auch noch nie jemandem erzählt, was geschehen ist, weil Sie nicht bedauert werden wollen. Nun, ich bedauere Sie nicht. Ich bedauere nur, dass Sie das, was Sie nun zu vergeben versuchen, erlebt haben.

Leicht wird dieser Prozess nicht. Echte Vergebung ist nie einfach. Sie setzt voraus, dass wir in uns gehen – dann aber auch wieder raus in die Welt. Denn das Leben möchte, dass wir uns darüber klar werden, was uns angetan wurde – und was wir uns selbst angetan haben. Es will, dass wir unseren Schmerz und unser eigenes Verschulden begreifen, alles noch einmal durchleben, was uns geschehen ist, und herausfinden, weshalb es dazu kam. Echte Vergebung setzt Mitgefühl voraus: für uns, für andere und für die Person, die uns verletzt hat. Sie verlangt Empathie, Kommunikation und Verständnis. Liebe.

Sie können sicher vergeben. Und ich werde es auch tun. Sodass quasi ein Doppelschlag daraus wird. Teamarbeit. Eine Gemeinschaftsübung in tiefer Liebe, die Ihr Leben verschönern wird. Ich glaube an Sie. Das heißt, ich glaube an das Beste in Ihnen, und genau darum geht es in diesem Buch. Gemeinsam werden wir an das Beste in den Menschen glauben, ihnen vertrauen und darauf bauen, dass sie sich genauso im Griff haben wie wir uns. Wir werden lernen, ausschließlich für uns selbst Verantwortung zu übernehmen und die – positiven wie negativen – Konsequenzen unserer Entscheidungen zu tragen. Wir werden das Einzige tun, was wir tun können: uns selbst so gut wie möglich lieben.

Ich bin froh und stolz, Sie an meiner Seite zu wissen, und fühle mich Ihnen eng verbunden. Lassen Sie uns loslegen …

Warum vergeben?

Wie geht das? Wie vergeben wir jemandem? Und noch wichtiger: Warum sollten wir? Schließlich ist *uns* doch unrecht getan worden. *Wir* haben die Verletzung davongetragen. Reicht das nicht? Warum sollten wir uns jetzt auch noch mit dem Problem der Vergebung herumschlagen müssen?

Pech für uns: Vergebung hat nichts oder nur wenig mit der Person zu tun, die uns verletzt hat. (Sie kann die Lage nicht verbessern. Sie hat die Wunde verursacht. Und macht in manchen Fällen sogar noch weiter damit.) Weil uns niemand anders über den Schmerz hinweghelfen kann, ist Vergebung *unsere* Aufgabe. Oder wie Maya Angelou sagte: Das größte Geschenk, das wir uns machen können, ist Vergebung. Also …

Dass wir, um weiterzukommen, vergeben müssen, ist klar. Warum aber sollten wir weiterkommen *wollen*? Warum sollten wir der Zukunft fröhlich entgegensegeln wollen, solange der Gerechtigkeit nicht Genüge getan wurde? Warum sollten wir das Leid *weg-stecken*, das angerichtet wurde? Das sind alles sehr gute Fragen. Sie dürfen so fühlen, Sie müssen nicht wortlos über die Ungerechtigkeit hinweggehen. Und werden dadurch nicht zu einem schlechten Menschen, ganz bestimmt nicht.

Womöglich spüren Sie einen gewissen sozialen Druck zur Vergebung – als würden Sie durch das Verhaftetsein in Ihrem Trauma alles nur schlimmer machen. Vielfach wird von Gewaltopfern berichtet, die ihrem Aggressor vergeben, von trauernden Familien und Frauen, die dem Mörder ihres Kindes oder dem gewalttätigen Partner die Hand reichen, und diese Geschichten gelten allgemein als Quelle der Inspiration. Durchaus zu Recht. Aber solange Sie nicht so weit sind, solange Sie einfach die Bereitschaft noch nicht spüren, sondern eher das Gefühl haben, alle Welt sei gegen Sie, liegt Ihnen höchstwahrscheinlich nichts so fern wie diese Form radikaler Vergebung. Und vermutlich empfinden Sie sich diesen legendären Heldinnen und Helden der Vergebung gnadenlos unterlegen. Was ausgesprochen kränkend sein kann.

Doch wie dem auch sei: In diesem Buch geht es nicht um andere und deren Probleme, sondern um Sie. Um Ihr Leben und Ihre Gefühle. Und darum, Sie dort abzuholen, wo Sie gerade sind … beim Versuch zu vergeben.

Echte Vergebung

Viele stellen sich unter Vergebung eine Art Schnellreparatur vor: die fixe Lösung eines großen, komplizierten Problems. Man liest oft von trauernden Eltern, die dem Mörder ihres Kindes verziehen haben, und diese Storys suggerieren, der Akt des Verzeihens bedeute, dass der Schmerz gestillt sei und die Welt sich getrost weiterdrehen könne. Ein derartiges Verständnis von Vergebung ist problematisch, besonders wenn solche Beispiele als Druckmittel benutzt werden à la: Die konnten schließlich auch vergeben und vergessen, warum gelingt dir das nicht? Warum machst nicht auch du das einzig Richtige: akzeptierst die Entschuldigung, lächelst stumm, gehst nach Hause und heulst höchstens noch hinter verschlossenen Türen?

Das wäre vollkommen falsch. Denn solch ein erzwungenes Verzeihen bewirkt keinerlei Heilung, keine wirkliche Vergebung, keine Liebe. Aber was ist denn nun echte Vergebung? Wie geht sie wirklich? Und warum ist sie so wichtig?

Für das Wort »Vergebung« gibt es eigentlich kein adäquates Synonym. Vergeben heißt weder entschuldigen noch verzeihen, ist nicht gleichbedeutend mit Freispruch oder Absolution. Englischsprachige Synonymwörterbücher schlagen »sich küssen und versöhnen« oder »die andere Wange hinhalten« vor, aber beide Formulierungen gehen am Kern der Sache vorbei. Vergebung hat nichts mit Küssen und noch weniger mit Versöhnung zu tun. Genauso wenig geht es darum, passiv zu sein und sich ein weiteres Mal verletzen zu lassen. Vergebung ist einfach nur Vergebung und lässt sich vielleicht tatsächlich am besten als Loslassen definieren – von Zorn, Groll und Rachegedanken.

Groll verstehen

Einem berühmten Zitat Nelson Mandelas zufolge ist es mit Groll so, als würde man »Gift trinken und hoffen, es würde den Feind töten«. Das ist aber nicht einfach eine Metapher, sondern ein physiologischer, biologischer Tatbestand. Groll zerstört uns körperlich, psychisch und sozial. Er kann uns von innen her auffressen. Und schadet auf längere Sicht nur uns selbst. Was nicht heißen soll, dass er nicht auch seine guten Seiten und eine Bedeutung für unser Leben hätte. Von Schmerz, Groll, Leid werden wir geformt, sie treiben uns an und machen uns zu den Menschen, die wir sind. Auf Dauer können sie uns allerdings ernsthaften Schaden zufügen. Wie wissenschaftliche Studien ergeben haben, steigert Groll über einen längeren Zeitraum hinweg die Wahrscheinlichkeit, an Depressionen und Angststörungen zu erkranken. Groll kann uns also unglücklich machen, Verspannungen und Stress erzeugen.

Praktisch Ihr gesamtes körperliches Wohlbefinden hängt von Ihrer psychischen Gesundheit ab. Physis und Psyche sind so eng miteinander verknüpft, dass jeder Schaden in der einen Sphäre in die andere übergreift. Wenn wir zu viel arbeiten, bekommen wir Kopfschmerzen, und im Zorn beißen wir die Zähne zusammen. Mehr noch: Stress macht uns empfänglich für eine ganze Reihe gesundheitlicher Probleme wie etwa Herzerkrankungen und Diabetes. Oder auch für Bluthochdruck und Fettleibigkeit – die beide wiederum unsere Anfälligkeit für Viren, Bakterien und Zellmutationen steigern.

Stresssymptome

Medizinisch besteht kein Zweifel daran, dass folgende Beschwerden Symptome von Stress sind:

- Kopfschmerzen und Schwindel
- Muskelverspannungen oder -schmerzen
- Magenprobleme
- Thoraxschmerzen oder Herzrasen
- sexuelle Störungen
- Konzentrationsschwäche
- Entscheidungsschwierigkeiten
- Überforderungsgefühle

- chronische Angst
- beständige Sorgen
- Vergesslichkeit
- Reizbarkeit und Fahrigkeit
- Schlafstörungen
- zu großer oder zu geringer Appetit
- Vermeidungsverhalten
- erhöhter Alkohol- oder Tabakkonsum

Außerdem setzt Stress die Fähigkeit herab, gegen diese Probleme anzugehen. Wenn wir gestresst sind, treiben wir zumeist weniger Sport, ernähren uns ungesünder und entspannen seltener. Dafür rauchen und trinken wir oft mehr und schlafen weniger. Freunde und Angehörige opfern wir unseren Stimmungen und höhlen so unser Unterstützungsnetzwerk von innen her aus. All das stresst uns noch mehr und lässt unsere Bewältigungsstrategien erlahmen. Es ist ein Teufelskreis.

Die Auswirkungen von Stress

Stress erhöht den Cortisol- und Adrenalinspiegel, was auf Dauer zu ernsten Problemen führen kann: So schädigt etwa ein Zuviel an Cortisol unsere Fähigkeit, zu lernen und Informationen zu verarbeiten, außerdem erhöht es das Infektionsrisiko und wirkt sich negativ auf die Rekonvaleszenz aus.

In einer von Carolyn Aldwin, der Direktorin des Center for Healthy Aging Research an der Oregon State University, geleiteten Studie wurden 1293 Männer über Jahre begleitet. In einem Radiointerview sagte sie 2014: »Diejenigen, die ihren Alltag als übermäßig stressig empfanden, starben mit einer dreimal höheren Wahrscheinlichkeit im Verlauf der Studie als diejenigen, die ihr

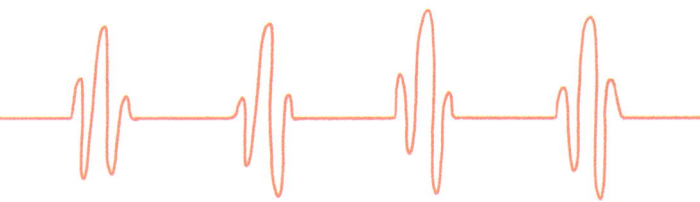

Leben als nicht sehr stressig empfanden.«[1] Der American Medical Association zufolge ist Stress »die Hauptursache für mehr als 60 Prozent aller Erkrankungen«.[2] Und eine der Hauptursachen für Stress ist? Genau: Groll – auf lange Sicht buchstäblich tödlich.

Um weiterzukommen, müssen wir vergeben. Müssen die Sache ins Lot bringen – nicht dem Aggressor zuliebe, sondern für unser eigenes Wohlbefinden: damit sich der Schmerz des Traumas nicht verschlimmert und wir uns nicht auch noch selbst verletzen. Oder gar unsere Freunde und Angehörigen. Auch der Menschen, die wir lieben, wegen müssen wir vergeben.

In fünf Schritten zur Vergebung

In den nächsten Kapiteln betrachten
wir die Schritte, die wir auf dem
Weg zur Vergebung gehen
werden. Es sind:

1. Akzeptanz
2. Empathie
3. Eingeständnis
4. Sinn und Bedeutung
5. Verständnis und Dankbarkeit

All diese Schritte sind nötig und
sollten in der angegebenen Reihen-
folge gegangen werden. Aufhalten können
Sie sich allerdings bei jedem, so lange Sie mögen.
Nicht alle Etappen werden Ihnen leichtfallen, und in
manchen verstärkt sich der Schmerz vielleicht sogar erst,
bevor die Heilung einsetzt.

Wir können nicht vergeben, solange wir das *Wem* und *Was* nicht begriffen haben. Solange wir nicht verstehen, warum uns dieses Unrecht angetan wurde und welche Bedeutung es für unser Leben hatte – und noch hat. Sich mit diesen Dingen zu beschäftigen ist tapfer, schwer und sinnvoll. Vor allem aber ist es notwendig. Denn wir müssen in die Lage kommen, (uns) eine neue Geschichte zu erzählen, eine größere, schönere Geschichte. Und in dieser müssen wir die Hauptperson sein: die Heldenfigur, der Erzähler, die Verfasserin.

1

Akzeptanz

Ohne Akzeptanz des Traumas ist keine Vergebung möglich.

Wir müssen verstehen, was uns widerfahren ist. Dass uns etwas weggenommen wurde, sei es etwas Konkretes oder auch Immaterielles wie Zeit oder die Identität. Etwas ist verloren gegangen und kommt nicht zurück.

Um diese Einbuße vergeben zu können, müssen wir sie akzeptieren. Und um sie akzeptieren zu können, müssen wir sie verstehen. Wie aber soll das gehen, wenn wir die Hintergründe nicht durchschauen?

Allzu oft versuchen wir zu vergeben, bevor wir richtig begriffen haben, welcher Schaden uns eigentlich zugefügt wurde. Aber so bringt das nichts. Eher führt es zu noch größerem Groll, mehr Leiden und schlimmeren Schäden. Wenn wir uns genötigt fühlen zu vergeben, ohne genau zu wissen, was oder warum wir es tun, machen wir uns nur zusätzlich Stress.

Denn genau wie Ärzte eine Diagnose stellen müssen, bevor sie eine Therapie empfehlen, müssen wir die Ursache unseres Schmerzes ergründen, bevor wir überlegen können, wie wir am besten damit umgehen.

Wo sind Sie?

Zu wissen, wie Sie an diesen Punkt gekommen sind – in Ihre gegenwärtige Lage –, reicht aber nicht. Sie müssen auch wissen, wie diese Ihre aktuelle Lage genau aussieht.

Angenommen, Sie hätten sich in einer Moorlandschaft verlaufen. Der Wind heult. Wege, manche schon ziemlich ausgetreten, führen in die verschiedenen Richtungen. Aber es gibt auch andere Optionen; so könnten Sie etwa auf eine Mauer klettern, unter einem Baum Schutz suchen oder sogar Unterschlupf in einer Scheune finden.

In Ihren kalten Händen halten Sie eine durchweichte Landkarte. Als Sie zu Hause aufbrachen, wussten Sie natürlich noch, wo Sie waren. Wo aber sind Sie jetzt? Jede Kurve des Weges hat Sie einen Schritt weiter ins Unbekannte geführt. Und was hilft Ihnen die Karte, wenn Sie Ihren aktuellen Standort nicht kennen? Wie sollen Sie jetzt vorankommen?

In diesem Kapitel geht es um Ihre Orientierung auf der Landkarte: darum, dass Sie die Marksteine Ihres Traumas zu interpretieren lernen, um den Finger auf die Karte legen und klar und deutlich »Hier bin ich« sagen zu können.

Nach einer Lösung suchen wir momentan noch nicht. Darüber müssen Sie sich jetzt und hier keine Gedanken machen. Es braucht Ihnen auch noch nicht besser zu gehen. Ebenso wenig, wie jetzt schon von Heilung die Rede sein könnte. Sie stehen unter keinerlei Druck, müssen sich nicht genötigt fühlen, über sich hinauszuwachsen. Keine Sorge, das alles kommt schon noch.

Akzeptieren Sie Ihren Schmerz

Jetzt ist der Schmerz dran. *Ihr* Schmerz, genau so, wie er ist: groß, klein, unbedeutend oder tiefgreifend. Schauen wir ihn einmal genauer an.

Manchmal hat man den Impuls, den Schmerz unter den Teppich zu kehren. Weil man denkt, er würde vielleicht verschwinden, wenn niemand ihn zur Kenntnis nimmt. Ich – verletzt? I wo, ich doch nicht. Schaut her, ich lächle. Mir geht es gut.

Sie lächeln. Haben sich heute früh gekämmt, ein Selfie gepostet und sind zur Arbeit gefahren. Wie jeden Tag. Sie versuchen, das Beste aus Ihrer Situation zu machen. Sprechen mit niemandem über Ihren Schmerz … Kommt Ihnen bekannt vor? »Das mach' ich schon seit Jahren so«, denkt womöglich ein Teil von Ihnen. Und wissen Sie was? Sollte das wirklich so sein, finde ich das toll. Ehrlich. Denn nur weil Sie Ihren Schmerz vertuscht haben, sind Sie schließlich hier, oder? Es hat Sie aufrecht gehalten, dafür gesorgt, dass Sie klarkommen.

Sie haben den Schmerz in einen Karton gepackt, den Karton in einen Schrank gestellt, diesen dann fest verschlossen. Und irgendwie sind Sie jetzt hier. Sie haben sich dieses Buch besorgt – oder es geschenkt bekommen – und es bislang nicht weggelegt. Sie sind noch bei mir, suchen weiterhin nach einer Möglichkeit des Vergebens, weil eben jenes Ding in dem Karton heult und schreit und sich partout nicht zum Schweigen bringen lässt. Sie hören es noch – trotz aller Vorkehrungen, die Ihr Inneres getroffen hat, um Sie davor zu schützen. Sie sind bei mir, weil der Schmerz noch da ist. Weil Sie *immer noch verletzt* sind.

In der Einführung haben wir kurz über gesellschaftlichen Druck gesprochen, erinnern Sie sich? Vielleicht hat er bei Ihnen dafür gesorgt, dass Sie Ihren Schmerz nicht mehr ernst nehmen. Aber wissen Sie was? Vergessen Sie's. Ihr Schmerz ist real und legitim, und Sie spüren ihn. Solange Sie wollen. Aber *nur* solange Sie wollen.

Schmerz ist hilfreich. Er stellt eine Warnung dar. Und kann sehr wichtig sein.

Nehmen Sie sich Zeit für den Prozess

Auf den folgenden Seiten führe ich Sie durch eine meiner Lieblingsübungen. Sie beruht auf einer Achtsamkeitspraxis namens Bodyscan, und ich stelle sie meistens an den Anfang meiner therapeutischen Bemühungen.

Die Übung dient dazu, das Bisherige klar von der Arbeit zu trennen, die wir in diesem Kapitel vor uns haben. Um tief in die Vergangenheit und das erlittene Trauma eintauchen zu können, benötigen wir etwas Zeit, in der wir nicht gestört werden. Dass der Prozess ein leichter wird oder gar Spaß macht, kann ich leider nicht behaupten. Dafür ist er umso bedeutsamer. Denn wir werden den Schmerz nutzen, um uns auf unserer Landkarte neu zu orientieren.

Doch lassen Sie uns zuerst besagte Achtsamkeitsübung durchführen.

Bodyscan (l)

Suchen Sie sich ein ruhiges, sicheres Plätzchen, an dem Sie mindestens zwanzig Minuten lang nicht gestört werden.

Sie setzen oder legen sich bequem hin, schließen die Augen und atmen gründlich aus, auch den letzten Rest verbrauchter Luft ganz tief in der Lunge. Atmen Sie alles aus, was Ihnen der Tag gebracht hat. Und dann atmen Sie genauso tief wieder ein. Spüren Sie die Luft auf der Zunge und in der Kehle. Nehmen Sie wahr, wie sich Ihre Lunge erneut füllt. Einatmen … und ausatmen … Atmen Sie nun Stück für Stück Ihren Tagesverlauf aus. Wovon werden Sie gequält? Was wurmt Sie?

Was hat Sie heute frustriert? Atmen Sie tief ein …
und wieder aus. Was bringen Sie heute in die
Übung ein? Was haben Sie im Gepäck? Sie atmen
ein und aus. Fällt Ihnen die Übung schwer? Fühlen Sie sich gestresst? Tut Ihnen etwas weh?
Noch einmal ein- und ausatmen. Beim nächsten
Einatmen stellen Sie sich vor, die Luft würde bis
in Ihre Fußzehen fließen. Spüren Sie die Luft
im ganzen Körper: Wirbelsäule, Bauch, Hüften,
Beine, Fußsohlen und Zehen. Spüren Sie jede
einzelne Zehe, alle zehn. Tun sie Ihnen weh?
Vielleicht haben Sie bislang nie größer an Ihre
Zehen gedacht. Atmen Sie nun nacheinander
in die einzelnen Zehen (wie immer Sie sich das
vorstellen). In die kleinen Zehen, die mittleren,
die großen. Tun sie weh? Wenn ja, wo? Atmen
Sie ein und den Schmerz aus. Stellen Sie es sich so
gut wie möglich bildlich vor.
Atmen Sie in die Fußballen, die Sohlen, die
Fußrücken. Nehmen Sie Verspannungen wahr?

Irgendwelche Schmerzen? Atmen Sie ein und alle eventuellen Schmerzen aus.

Atmen Sie in Ihre Fußgelenke, die Schienbeine, Waden, Knie. Haben Sie dort irgendwo Schmerzen? Verspannungen? Atmen Sie ein und alle eventuellen Schmerzen aus.

Atmen Sie in Ihre Oberschenkel, die Hüften und das Becken. Lenken Sie sowohl die Atmung als auch Ihre Aufmerksamkeit bis in die Knochen, Muskeln, Organe und das Blut. Irgendwelche Schmerzen? Verspannungen? Gefühlsregungen oder Empfindungen? Wie geht es Ihnen? Atmen Sie ein und alle eventuellen Schmerzen aus. Lenken Sie jetzt Ihre Aufmerksamkeit in die Wirbelsäule und den Brustkorb, den unteren Rücken, den oberen Rücken, in den Bauch, die Brust und die Schultern. Irgendwelche Schmerzen? Empfindungen? Atmen Sie ein und alle eventuellen Schmerzen aus. Fokussieren Sie sich jetzt auf Ihre Arme, Ellbogen, Hände und Finger – Fingerspitzen, Handflächen und Handgelenke. Richten Sie die Aufmerksamkeit auf die Umrisse Ihrer Knochen, anschließend zurück in die Schultern, den obersten Halswirbel. Nehmen Sie irgendwelche Verspannungen wahr? Schmerzen? Eine andere Empfindung? Registrieren Sie alles. Sie, ja *Sie* haben die Aufmerksamkeit verdient. Auch Ihre Schmerzen und Empfindungen sind es wert, wahrgenommen zu werden. Wenn Sie überlegen, wo Sie auf welchem Weg hinwollen, müssen Sie Ihrem Schmerz Rechnung tragen. Ihn zur Kenntnis nehmen und akzeptieren. Sie atmen ein und alle Schmerzen aus. Ich bin bei Ihnen.

Richten Sie Ihre Aufmerksamkeit nun auf Kopf und Gesicht: Kiefer, Wangen, Schläfen. Knirschen Sie nachts mit den Zähnen? Sind Ihre Gesichtsmuskeln verspannt? Entspannen Sie sie, so gut es Ihnen möglich ist. Atmen Sie ein und alle eventuellen Schmerzen aus.

Was tut Ihnen weh? Was hilft gegen die Schmer-

zen? Wo sind Sie verspannt? Ich bitte um ehrliche Antworten. Hier brauchen Sie keine falsche Tapferkeit an den Tag legen. Sie müssen auch nicht sagen, dass alles okay ist. Seien Sie ganz Sie selbst, rückhaltlos. Aufrichtigkeit sich selbst gegenüber ist das Beste, was Sie für sich tun können. Haben Sie Schmerzen? Wo drückt der Schuh? Was brauchen Sie?

Wenn Sie dann die Augen wieder öffnen, können Sie stolz auf sich sein. Den eigenen Schmerz derart eingehend zu betrachten, ist nicht leicht. Und länger dazusitzen oder zu liegen auch nicht. Sich Zeit für sich zu nehmen – statt auf die Selbstvorwürfe in Richtung Verweichlichung oder gefährlicher Dekadenz zu hören –, das ist genauso schwer. Im Ernst: Ein Kinderspiel ist diese Übung bestimmt nicht. Allerdings eine dringende Notwendigkeit – sowohl für Ihr eigenes Wohlbefinden als auch für das der Menschen in Ihrem Umfeld. Denn Sie müssen Bescheid wissen. Sie *müssen* einfach!

Erzählen Sie!

Der erste Schritt auf dem Weg zur Vergebung besteht darin, den Schmerz zur Kenntnis zu nehmen. Wir brauchen genügend Raum für unser Leid und unseren Kummer, müssen den Schaden verstehen, den wir erlitten haben, und seine Folgen für uns. Diesen Raum brauchen wir, um sagen zu können: »Hier ist meine Geschichte. Das ist mir zugestoßen.«

Sie kennen diese Geschichte. Sie erzählen Sie sich immer, wenn Sie an Ihren Schmerz denken beziehungsweise an das, was Sie gern vergeben würden. Erzählen Sie nun auch mir Ihre Story.

Schreiben ist von enormem therapeutischem Wert. Als wissenschaftlich erwiesen gilt, dass der schriftliche Ausdruck des Schmerzes in vielen Fällen hilft, Depressionen und Ängste zu lindern, und bei verschiedenerlei psychischen Störungen eine hervorragende Therapie darstellt. Für eine Studie des britischen Royal College of Psychiatrists aus dem Jahr 2005 schrieben die Teilnehmenden drei- bis fünfmal je fünfzehn bis zwanzig Minuten lang über ein traumatisches Erlebnis. In aller Regel entwickelten sie sich daraufhin nicht nur körperlich, sondern auch psychisch weit besser als diejenigen, die über ein neutrales Thema schrieben.[3]

Das expressive Schreiben, zum Beispiel das Führen eines Tagebuchs, wird wissenschaftlich auch mit einer Verbesserung der körperlichen Gesundheit assoziiert, insbesondere wenn die traumatische Erfahrung Gegenstand des Schreibens ist. Die Fähigkeit, Gefühle zum Ausdruck zu bringen, wirkt sich nachweislich positiv etwa auf Immunsystem, Blutdruck und Rekonvaleszenzzeiten aus. Allem Anschein nach sogar auf die Verbesserung der Wundheilung. Für eine Studie der New Zealand's University of Auckland aus dem Jahr 2013 brachten die Teilnehmenden an den drei Tagen vor einer (medizinisch notwendigen) Biopsie ihre Gefühle und Gedanken zu Papier. Anschließend wurden die Heilerfolge erhoben. Demnach waren 76 Prozent der Schreibenden nach elf Tagen vollständig geheilt, jedoch nur 42 Prozent der Kontrollgruppe. »Wir glauben, dass das Niederschreiben schwieriger Situationen den Menschen hilft, diese zu verstehen, und ihnen einen Teil des Schreckens nehmen kann«, erklärte einer der Wissenschaftler gegenüber *Scientific American*.[4]

Fangen wir also an. Schreiben wir unsere Geschichte.

Was ist geschehen? (I)

Für diese Übung brauchen Sie ein leeres Notiz-
buch und einen Stift oder wenigstens ein neues
Textdokument auf dem Rechner. Sie beginnen
jetzt Ihr Tagebuch der Vergebung, mit dem wir in
allen folgenden Kapiteln arbeiten werden. Es bietet
Ihnen die einzigartige Gelegenheit, völlig risiko-
frei auch die schwierigsten Gefühle auszudrücken
und zu verarbeiten. Dieses Tagebuch ist etwas ganz
Besonderes, total privat und ausschließlich für Sie
bestimmt. Niemand anders wird darin lesen. Hier
können Sie ganz Sie selbst sein, so verwundbar,
aggressiv oder schwach,
wie Sie sich gerade
fühlen.

Schlagen Sie das Buch
jetzt auf. Schreiben Sie
Ihre Geschichte nieder
und erzählen Sie, was
geschah.

Sollte Ihnen der Anfang schwerfallen, beginnen Sie mit dem Namen der Person, die Sie verletzt hat. Den kennen Sie nicht? Dann beschreiben Sie den betreffenden Menschen. Wer hat Ihnen wehgetan? Ein Satz genügt.

Was hat die Person getan? In einem Satz.
Wann? Ein einziger Satz.
Wo? Ebenfalls nur ein Satz.

Welches Gefühl hat Ihnen das vermittelt? Ein Satz.

Gehen Sie nun wieder zurück und ergänzen Sie die Sätze. Verleihen Sie Ihren Gefühlen umfassend Ausdruck. Keine Angst vor Melodramatik! Gehen Sie ruhig in die Vollen. Werden Sie so anschaulich wie möglich, jedoch ohne sich weiter zu verletzen. Was geschah? Und direkt im Anschluss? Was kam danach? Und so weiter und so fort.

Das Greater Good Science Ce-
ter der University of California
empfiehlt: Überlegen Sie, welchen
psychischen und physischen Schaden der
Übergriff verursacht hat und inwiefern sich Ihre
Sicht auf andere Menschen und Ihr Vertrauen zu
anderen infolge dieser Verletzung verändert haben.
Sie wissen: Niemand wird Ihre Notizen je sehen.
Und es handelt sich hier auch nicht um eine offizi-
elle Erklärung irgendeiner Art. Niemand wird die
Fakten checken. Schreiben Sie einfach, wie es sich
angefühlt hat, was Sie gesehen haben und woran
Sie sich erinnern. Ich glaube Ihnen alles, ohne
nachzufragen. Beweisen müssen Sie gar nichts.
Berichten Sie einfach von Ihrem Trauma und dem
Schmerz, erzählen Sie Ihre Geschichte. Erzählen
Sie, was geschah und wie es abgelaufen ist.
Gut gemacht. Sie sind unglaublich tapfer. Und
sobald es für Sie in Ordnung ist, schlagen wir die
nächste Seite auf.

2

Empathie

Einer Studie der Virginia Commonwealth University zufolge gibt es zwei Arten des Vergebens: eine entscheidungs- und eine emotionsbasierte.

Bei Ersterer beschließt man bewusst, sich dem Aggressor gegenüber zu verhalten wie vor dem Vorfall, also so, als wäre nichts geschehen. Demnach handelt es sich hierbei um eine Reihe mentaler Willensentscheidungen, aufgrund derer die Person, die Sie verletzt hat, »aus der Schuld entlassen« wird, wie die Psychologen sagen. »Die entscheidungsbasierte Vergebung vermag vielleicht negative Beweggründe zu verändern, nicht aber negative Emotionen«, heißt es in der Studie. »Manche Menschen gewähren Vergebung und nehmen sich aufrichtig vor, nicht auf Rache zu sinnen oder dem Aggressor aus dem Weg zu gehen, bleiben ihm gegenüber dabei jedoch verbittert, missgünstig, ärgerlich und ängstlich.«[5]

Das heißt: Wir können zwar beschließen, zu vergeben und das Ganze hinter uns zu lassen, doch solange wir es nicht fühlen, leiden wir weiter unter den schädlichen Folgen dieser Unversöhnlichkeit. Was wir also brauchen – und da wird's schwierig –, ist die emotionsbasierte Vergebung. Der Studie zufolge resultiert sie aus Liebe – *bedingungsloser* Liebe.

Bedingungslose Liebe

Ich weiß, ich weiß. Jetzt haben wir gerade ein ganzes Kapitel darauf verwendet, über unsere Verletzungen nachzudenken. Zu überlegen, inwiefern der Aggressor in den Lauf unseres Lebens eingegriffen hat, und nun sollen wir ihn plötzlich *lieben*? Das ist doch verrückt!

Die Person zu lieben, die Sie verletzt hat, können Sie sich wahrscheinlich im Leben nicht vorstellen, und das ist völlig in Ordnung so. Versuchen werden wir es trotzdem, auch wenn es Ihnen nicht gefällt. Denn es hilft. Versprochen!

Lassen Sie uns zunächst kurz über bedingungslose Liebe sprechen. Damit ist nicht gemeint, dass Sie die betreffende Person »richtig« lieben müssten. Sie braucht nicht Ihr bester Freund, Ihre beste Freundin zu werden. Nicht einmal sprechen müssen Sie je wieder mit ihr, wenn Sie nicht mögen. Sie ist nicht mehr Teil Ihres Lebens. Und doch werden Sie versuchen, sie zu lieben, und zwar weil »positive Emotionen wie Empathie, Wohlwollen, Mitgefühl oder Liebe … den Stress der Unversöhnlichkeit systematisch neutralisieren und die Vergebung fördern«, wie es in der erwähnten Studie heißt.

Positive Emotionen wirken dem Stress entgegen, und die bewusste Konzentration auf sie unterstützt den Heilungsprozess. *Deshalb* werden wir versuchen, den Aggressor zu lieben, ihn zu verstehen und uns sogar (nein, nicht das auch noch!) in ihn hineinzuversetzen: Wir versuchen nachzuvollziehen, warum er tat, was er tat.

Schmerzen sind komplex. Und vielleicht ist die Geschichte, die wir uns erzählen, chaotischer und vielschichtiger, als wir es uns eingestehen. Vielleicht aber auch nicht, vielleicht hatten Sie es tatsächlich mit einem der wenigen echten Schurken zu tun.

Vielleicht wird sich am Ende dieses Kapitels nicht viel verändert haben. Den Versuch ist es trotzdem wert – schon der Vorteile der aus bedingungsloser Liebe resultierenden emotionalen Vergebung wegen.

Die Ungerechtigkeitslücke

Sprechen wir einen Moment über das, was in der Psychologie als »Ungerechtigkeitslücke« bekannt ist. Einer 2015 in *Psychology of Religion and Spirituality* veröffentlichten Studie zufolge handelt es sich dabei um »das Ausmaß, in dem im Nachgang eines Übergriffs von den Erwartungen abgewichen wird, die die Opfer in puncto ideale Gerechtigkeit haben. Die Schwierigkeit der Vergebung scheint sich proportional zur Größe dieser Lücke zu verhalten.«[6]

Und was heißt das nun? Im Grunde bezeichnet die Ungerechtigkeitslücke die Diskrepanz zwischen Ihren Erfahrungen und denen der anderen Person. Und genau die ist es, die eigentlich zwischen Ihnen steht und sich so schwer akzeptieren lässt: Sie haben gelitten, warum nicht auch die andere Person?

Solange Sie das Gefühl haben, Sie wären schwer verletzt worden, Ihr Gegenpart aber gar nicht, fällt Vergeben schwer. Hätten Sie nur ein bisschen gelitten und der andere ganz arg, wäre es leichter. Logisch, oder? Klar. Wir Menschen wollen alle, dass es fair zugeht. Sogar schon kleine Kinder verfügen über einen ausgeprägten Gerechtigkeitssinn. Deshalb ist das Gefühl, dass alles mit rechten Dingen zugeht, auch so wichtig. Deshalb

möchten wir, dass der Täter seine Strafe bekommt. Und aus demselben Grund können Opfer nach einem Prozess allmählich zur Ruhe kommen: Denn jetzt muss auch der Aggressor leiden.

Die Gerechtigkeit gleicht den Schmerz aus und hilft uns, mit der Angelegenheit abzuschließen. Dabei gilt: je kleiner die Ungerechtigkeitslücke, desto leichter die Vergebung. Sobald wir beide leiden – auf Augenhöhe sind –, können wir die Sache hinter uns lassen. Allerdings ist es nicht an uns, das Strafmaß für den anderen zu bestimmen. Und eigentlich wollen wir ja auch selbst niemandem wehtun. Wie also können wir auf unsere Wahrnehmung der Ungerechtigkeitslücke einwirken? Sie möglichst klein und leicht überwindbar machen? Und was hat das alles mit bedingungsloser Liebe zu tun?

Empathie für die Person, die Sie verletzt hat

Für diese Übung brauchen Sie Ihr Tagebuch der Vergebung sowie etwas Zeit und wahrscheinlich – seien wir ehrlich – auch ein paar Papiertaschentücher. Vielleicht auch noch einen leckeren Snack und eine Tasse Kaffee oder Tee. Schlagen Sie eine neue Seite in Ihrem Buch auf.

Bei dieser – auf den Erkenntnissen der Wissenschaft von der Vergebung beruhenden – Übung werden Sie versuchen, Mitgefühl und Empathie für die Person zu entwickeln, die Sie verletzt hat. Dabei geht es, das sei noch einmal wiederholt, nicht darum, ihr Verhalten zu entschuldigen. Es gutzuheißen. Nein, wie sie gehandelt hat, war keineswegs okay. Sie hat Ihnen etwas angetan und Sie verletzt, und das müssen Sie keinesfalls gut finden. Doch damit Sie anfangen können zu vergeben und in den Genuss all der Benefits kommen, über die wir im letzten Kapitel gesprochen haben, müssen Sie die Ungerechtigkeitslücke verkleinern.

Sie wollen, dass auch Ihr Aggressor gelitten hat, also stellen Sie es sich vor. Überlegen Sie, was die Person wohl dazu gebracht hat, Ihnen wehzutun. Denken Sie an das Unrecht, das ihr vermutlich zugefügt wurde, und an die Verletzungen, die sie erlitten hat. Stellen Sie sich vor, welche Bedürfnisse sie wohl durch ihr Handeln Ihnen gegenüber befriedigen wollte. Das alles entschuldigt gar nichts, es stellt lediglich eine rationale, sachliche Einschätzung der Geschehnisse dar.

Ich weiß, wie schwer das ist. (Deshalb ja auch die Taschentücher und der Snack.) Ich habe es selbst durchgemacht. Aber jetzt bin ich ganz bei Ihnen. Und glaube fest an Sie.

Stellen Sie sich die folgenden drei Fragen, die von Vergebungswissenschaftlern der University of California in Berkeley entwickelt wurden:

1. Wie war wohl die Jugend der betreffenden Person?

2. Welche Wunden, die ihr von anderen zugefügt wurden, könnten mit dazu geführt haben, dass sie Sie verletzt hat?

3. Welcher zusätzliche Stress könnte die Person belastet haben, als sie auf Sie losging?

Die richtigen Antworten kennen Sie vielleicht gar nicht, und das ist auch in Ordnung. Lassen Sie Ihrer Fantasie freien Lauf. Stellen Sie sich die möglichen Gründe und Abläufe einfach vor. Wie gesagt: Ihr Tagebuch ist nicht die Morgenzeitung, niemand wird die Fakten prüfen. Es geht hier bloß um eine gedankliche Verkleinerung der Ungerechtigkeitslücke. Und um eine Übung in Sachen Liebe.

Was ist geschehen? (II)

Schlagen Sie jetzt eine neue Seite in Ihrem Tagebuch der Vergebung auf und erzählen Sie eine andere Geschichte: die der Person, die Sie verletzt hat. Erzählen Sie sie mit all dem Mitgefühl und der Liebe, die Sie in der vorigen Übung entwickelt haben.

Bei dieser Übung versetzen Sie sich in die Lage des anderen. Fühlen sich einen Moment lang nicht als Opfer, sondern werden detektivisch tätig. Welche Motive könnte die Person gehabt haben? Was sie wohl erreichen wollte?

Die meisten betrachten sich nicht als schlechten Menschen. Praktisch niemand wacht morgens auf und denkt: »Heute bin ich aber mal so richtig fies.« Leute können egoistisch, gedankenlos, faul, ängstlich, einsam, verzweifelt oder wütend sein. Aus allen möglichen Gründen tun sie sogar die schrecklichsten Dinge, fast nie aber »einfach so«. Die Suche nach den Motiven hilft, die Tat als etwas Bedeutenderes zu sehen, als sinnhafteres

Narrativ in einem größeren Zusammenhang. Eines der fantastischsten Werkzeuge, die uns Menschen zur Verfügung stehen, ist das Wissen um unsere Fähigkeit zur Veränderung von Narrativen: Wir können jedes Geschehnis genau so erzählen, wie wir mögen. Und dürfen jede Geschichte so groß, üppig und mitfühlend gestalten, wie wir sie gern hätten. Das alles haben wir selbst in der Hand. Lassen Sie sich Zeit. Begegnen Sie der anderen Person und sich selbst mit größtmöglichem Mitgefühl. Ich bin stolz auf Sie. Und sobald Sie so weit sind, machen wir den nächsten Schritt.

3

Eingeständnis

Eine Person gibt es in unserer Geschichte, der wir vor allen anderen vergeben müssen.

Diese Person ist verwundbar. Sie hat ihre Fehler. Tut nicht immer das Richtige und mitunter nicht einmal besonders Gutes. Womöglich gehen schreckliche Dinge auf ihr Konto. Manchmal trifft sie auch falsche Entscheidungen. Verletzt jemanden oder verhält sich so, dass es anderen wehtut. Möglicherweise tut sie sich auch selbst manchmal weh. Sie wissen längst, wen ich meine, nicht wahr? Ja, genau: *Sie* natürlich.

Bevor wir auch nur daran denken können, jemand anderem zu vergeben, müssen wir versuchen, uns selbst zu vergeben. Müssen uns verstehen lernen und den Anteil erkennen, den wir selbst an dem Konflikt haben. Doch um mehr werden zu können als das Häufchen Elend, das wir momentan vielleicht noch sind, brauchen wir ein bisschen Zeit, genauer gesagt: bis zum Ende dieses Kapitels.

Wer sind Sie? (I)

Kommen Sie wieder mit mir und schlagen Sie Ihr Tagebuch der Vergebung auf, um eine Zeichnung von sich anzufertigen. Dabei muss es sich nicht um große Kunst handeln, eine Strichfigur reicht völlig. Allerdings ist Kunst – die Erschaffung von etwas aus dem Nichts heraus – ein tolles Heilmittel. Fürchten Sie sich also nicht davor, Ihr Buch zu etwas Schönem zu machen. Das Trauma in etwas Wunderbares zu verwandeln, den Schmerz ins Positive zu wenden. Zeichnen Sie sich, malen Sie sich, lassen Sie Ihre Person Gestalt annehmen. Schauen Sie nur: Das sind *Sie*!

Schreiben Sie Ihren Namen über das Bild. Stellen Sie dann einen Timer auf drei Minuten. Schreiben Sie rund um die Figur Begriffe auf, die Sie charakterisieren, Adjektive, Namen, Substantive. Seien Sie ehrlich. Klar. Verbessern Sie nichts. Sie wissen doch: Niemand sieht, was Sie schreiben.

Betrachten Sie die Wörter, die Sie notiert haben. Wer sind Sie? Wie viele Begriffe sind positiv?

Wie viele negativ? Wie viele drehen sich um den Schmerz, den Sie erlitten haben? Welche Geschichte erzählen die Wörter?

Vielleicht haben Sie mehr positive als negative Wörter aufgeschrieben und Ihren Schmerz mit keiner Silbe erwähnt. Was sagt das über den Vorfall aus? Wirkt er sich immer noch so stark auf Sie aus? Hat er Ihr Leben so eingehend verändert, wie Sie gedacht haben? Ist die Ungerechtigkeitslücke noch so groß wie vor einiger Zeit? Seien Sie fair zu sich. Schauen Sie, wie weit Sie schon gekommen sind und was Sie alles erreicht haben. Spüren Sie, wie die Lücke zusammenschnurrt. Visualisieren Sie es. Betrachten Sie alles, was Sie haben. Ob die Person, die Sie verletzt hat, über das alles auch verfügt? Und wie sie sich wohl fühlt?

Womöglich haben Sie harte, schwer verdauliche Ausdrücke für sich gefunden. Und mögen absolut nichts an sich. Dann ist die nächste Übung genau das Richtige für Sie.

Wer sind Sie? (II)

Schlagen Sie in Ihrem Tagebuch der Vergebung nun wieder eine neue Seite auf. Im Folgenden werden Sie sich beschreiben, wie es jemand tun würde, der Sie liebt. Dabei denken Sie vielleicht an eine Person, die Sie kennen – Vater oder Mutter, Partner, Freund, Freundin oder Kind –, das muss aber nicht sein. Vielleicht bin auch ich diese Person: eine Ihnen wohlgesinnte Außenstehende, die im Wesentlichen Ihre guten Eigenschaften im Blick hat. Doch vielleicht sind Sie es sogar selbst und denken über sich wie an eine vertraute Freundin, einen guten Freund.

Fragen Sie sich:

- Was ist mein schönster Wesenszug?
- Welches ist mein attraktivstes Persönlichkeitsmerkmal?
- Wer vertraut mir?
- Wer würde ich gern sein?
- Welchen Eindruck hat jemand von mir, der mich liebt?

Das wird bestimmt richtig schwer. Aber wissen Sie was? Es ist mir völlig egal. Denn ich weiß, dass Sie es hinkriegen. Sie sind liebenswert. Und werden geliebt. Sie sind ein wertvoller Mensch und können von dieser Übung nur profitieren. Weil Sie großes Potenzial haben. Und so viel mehr sind als nur besagtes Häufchen Elend.

Schuldgefühle

Wir alle sind komplexe Persönlichkeiten mit dem Bedürfnis nach Vergebung. Und spätabends oder wenn wir allein sind, fragen wir uns insgeheim, was wir getan haben, um den Schmerz zu verdienen, den wir empfinden. Wir alle quälen uns mit Selbstvorwürfen, kauen bestimmte Dinge wieder und wieder durch. Schuldgefühle nörgeln mit leisen Stimmchen:

Hätte ich doch nur …   *Ich wünschte, ich …*
Hätte ich nur nicht …   *Ich würde gern …*
Warum habe ich …?   *Warum gerade ich?*
Ich kann nicht glauben, dass … *Wieso damals?*
Ich wünschte, ich hätte nicht … *Weshalb jetzt?*
Ich wünschte, ich hätte …   *Womit hab ich das verdient?*

Eines möchte ich klarstellen: Sie haben es nicht verdient, nichts davon. Und gerecht war es auch nicht.

Sie versuchen, diese leisen Schuldgefühle zu ignorieren. Das tun wir alle. Vielleicht hat man Ihnen schon gesagt, dass Sie nichts falsch gemacht haben. Und dass Sie die ganze Qual nicht verdient haben. Und trotzdem … Sie wollen das alles hinter sich lassen, kriegen es aber partout nicht hin. Weil dieses leise Stimmchen einfach nicht verstummen will.

Wie aber wäre es, wenn wir uns diese hartnäckige innere Stimme nun einmal vorknöpfen und ihr antworten würden: »Also gut. Ich habe getan, was ich tun musste. Ich weiß, was ich getan habe, und genau deshalb bin ich jetzt hier: an dem Punkt, an dem ich anfangen kann zu vergeben. Und das ist herrlich!«

Während es im letzten Kapitel um die Person ging, die Sie verletzt hat, konzentrieren wir uns in diesem auf Sie und die Frage, warum Sie sich so verhalten haben, wie es der Fall war. Denn auch Sie hatten ja die Wahl. Weil Sie keineswegs machtlos sind, sondern stark, kompetent und tapfer. Auch Sie haben Entscheidungen getroffen und gehandelt. Sie – wir alle – sind viel mehr als das, was Ihnen angetan wurde. In diesem Kapitel nun geht es darum, zu uns zurückzufinden und wieder ganz wir selbst zu sein in all unserer kaputten Pracht – so schön, kostbar, aber auch beschädigt, wie wir nun einmal sind.

Selbstvergebung

Bevor es losgeht, holen wir unsere Tagebücher der Vergebung raus und bereiten uns vielleicht auch wieder einen kleinen Snack zu. Warum denn auch nicht? Das alles hier ist schließlich ganz schon heavy.

Schauen Sie sich nun Ihre ursprüngliche Geschichte an – siehe Übung: Was ist geschehen? (I)) von Seite 41. Haben Sie sich darin Vorwürfe gemacht? Und waren die gerechtfertigt? Würden Sie einem Freund oder einer Schwester dieselben Vorhaltungen machen? Können Sie sich die betreffenden Dinge vergeben? Sich jeden Beitrag vergeben, den Sie womöglich zu der Angelegenheit geleistet haben?

Und können Sie sich auch jegliche Schuldzuweisungen an sich selbst vergeben, die Sie verinnerlicht haben oder die Ihnen eingeredet wurden? Können Sie sich die Art vergeben, in der Sie mit sich umgesprungen sind? Sich die Gedanken vergeben, mit denen Sie sich wehgetan haben? Ja, auch die selbst zugefügten Verletzungen müssen Sie sich vergeben. Jede Gelegenheit, bei der Sie sich eine Schuld zugewiesen haben. Und vergessen Sie auch nicht, sich zu vergeben, dass es Ihnen so schwerfällt, sich zu vergeben.

Und können Sie sich zum guten Schluss auch vergeben, dass Sie so dreist sind, die ganze Sache hinter sich lassen zu wollen? Sind Sie imstande, sich Ihr Bedürfnis nach einer Zukunft zu vergeben? Ihr Verlangen, die Vergangenheit zu transformieren, all die weggepackten Kartons mit den versteckten Schmerzen zu öffnen und über sich hinauszuwachsen?

Was ist geschehen? (III)

Schlagen Sie eine neue Seite in Ihrem Tagebuch der Vergebung auf. Diesmal wünsche ich mir eine größere Geschichte von Ihnen. Eine, in der es um Sie geht.

Ich möchte nichts davon hören, wie sehr die andere Person Sie verletzt hat. Denn es ist *Ihre* Geschichte. Erzählen Sie die ganze Geschichte vom Standpunkt der ersten Person Singular aus. Verwenden Sie aktive Verben. Berichten Sie von Ihren Entscheidungen. Die einzigen »Tun-Wörter«, die Sie jetzt verwenden, beschreiben, was *Sie* getan haben. Die andere Person interessiert mich überhaupt nicht, sie langweilt mich nur. Hier geht es ausschließlich um Sie. Erzählen Sie mir, was vor und was nach der Geschichte passiert ist.

Diese – *Ihre* – Geschichte handelt nicht von Dingen, die Ihnen angetan wurden. Sondern nur von denen, die *Sie* getan haben.

Geschafft? Ich bin stolz auf Sie. Dieses Kapitel war heikel – aber jede Mühe wert.

Sinn und
Bedeutung

Wir können die Vergangenheit nicht ungeschehen machen. Wir können nichts an der Verletzung ändern, die wir erlitten haben. Aber wir können uns über die Person freuen, zu der wir aufgrund dieser Verletzung geworden sind. Wir können zum Beispiel das immense Mitgefühl oder die Engelsgeduld feiern, die wir deshalb herausgebildet haben. Überhaupt können wir aus allem, was uns geschieht, etwas lernen. Und so all unserem Groll, unserem Schmerz, unserem Leiden einen Sinn verleihen.

Haben wir den Schmerz erst einmal hinter uns gelassen, entwickeln wir oft mehr Empathie, werden gütiger, mitfühlender und erinnern uns daran, dass in diesem Leben unter jedem Dach ein Ach wohnt. Genau so wird es bei Ihnen auch sein, da bin ich mir ganz sicher. Denn Sie sind eine so großartige, einfühlsame, fürsorgliche Person und felsenfest entschlossen, den Versuch der Vergebung zu wagen. Schließlich haben Sie dieses Buch ja schon fast durch.

Dieses Buch ist ein harter Knochen. Die Übungen, die Sie durchgeführt haben, waren kompliziert, schwierig und emotional ein echter Hammer, und trotzdem haben Sie immer weitergelesen. Denn genau so sind Sie nun einmal: willensstark, tapfer und gütig. Eben typisch Sie.

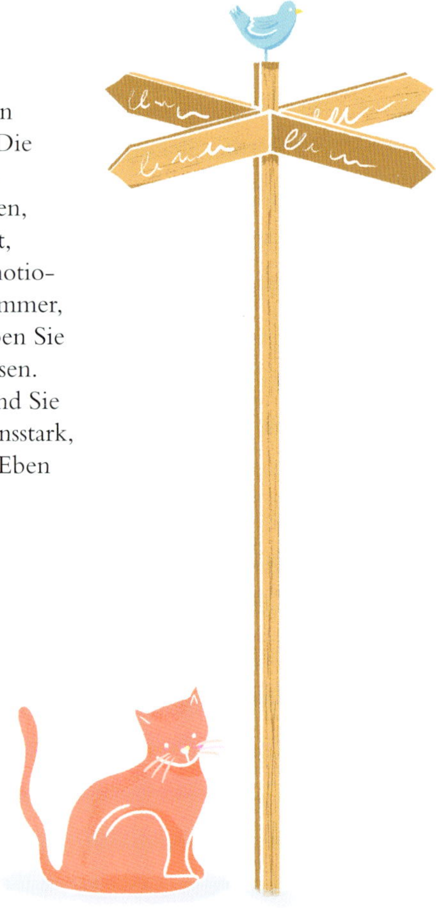

Sinn und Bedeutung

Dankbarkeit

Vergebung lässt sich nicht faken. So tun als ob funktioniert in diesem Fall nicht. Wie wir im zweiten Kapitel gesehen haben, können wir durchaus beschließen, jemandem zu vergeben. Doch solange wir es nicht fühlen, leiden wir weiter unter den schädlichen Folgen der Unversöhnlichkeit.

Was jedoch funktioniert ist Dankbarkeit. Sie können lernen, das Leben zu lieben, das Sie haben. Und lernen, das Schöne darin wahrzunehmen. Auch können Sie lernen, diese Ihre Liebe großflächiger zu verteilen. Und glücklicher zu werden. All das trägt zur Stressreduktion bei – und die ist ja, wie Sie schon wissen, enorm gesundheitsfördernd.

Wie Studien zeigen, erfreuen sich Menschen, die sich die Dinge notieren, für die sie dankbar sind, entschieden besserer Gesundheit.[7] Auch als die Probanden nach Abschluss einer entsprechenden Studie mit dem Aufschreiben aufgehört hatten, blieb das noch so, wie sie berichteten. Und zwar, weil sie ihr Hirn darauf trainiert hatten, stets nach Positivem Ausschau zu halten. Zudem schliefen die Befragten besser, hatten weniger Schmerzen, waren weniger nervös und niedergeschlagen.

Wir müssen lernen, uns auf das Positive und die Wahrnehmung all dessen zu fokussieren, was wir haben,
statt auf das, was wir nicht (mehr) haben. Also nicht auf
das, was uns genommen wurde, sondern auf alles, was
geblieben ist. Am besten geht das durch Aufschreiben.

Über die Vorzüge des schriftlichen Ausdrucks haben wir
schon eingehend gesprochen. Doch im Folgenden geht
es nun nicht mehr um die Verarbeitung des alten Traumas, sondern ausschließlich um Positives. Wir werden all
das Gute in unserem Leben so detailliert und liebevoll
beschreiben wie nur möglich.

Professor Robert Emmons, der weltweit führende Dankbarkeitswissenschaftler, sieht den entscheidenden Vorteil eines Dankbarkeitstagebuches darin, dass man sich ausführlich und gezielt über Dinge äußert, die man mag.[8] Angenommen, Sie sind dankbar für den Becher Tee, der vor Ihnen steht. Was gefällt Ihnen so an dem Becher? Warum mögen Sie ausgerechnet diese Teesorte? Was hat es mit dem Wasserkocher auf sich? Wieso freuen Sie sich, diesen Tee jetzt trinken zu können?

Dankbarkeitstagebuch

Von nun an werden Sie jeden Abend vor dem Zubettgehen drei Dinge in Ihr Tagebuch der Vergebung schreiben, für die Sie am jeweiligen Tag dankbar sind. Dies tun Sie mindestens sechs Wochen lang. Vielleicht aber mögen Sie nach Ablauf dieser Zeit auch dabeibleiben.

Sie können sich gern der Vorlage auf der gegenüberliegenden Seite bedienen, sind in der Gestaltung aber völlig frei.

Datum . . . .
. . . .
. . . .

Meine Dankbarkeit heute gilt (*hier fügen Sie den Namen der Person ein*), der/die . . . .
. . . .
. . . .

Ich bin heute dankbar für (*notieren Sie hier etwas, das an diesem Tag Ihr Leben ein wenig verschönert hat*), weil . . . .
. . . .
. . . .

Heute bin ich dankbar für … (eine Gegeben-
heit Ihres Lebens wie Gesundheit, Wohlstand, das Wetter, Angehörige oder Freunde) . . . .
. . . .
. . . .

Genug ist genug

Alles, wofür wir dankbar sind, haben wir, weil wir sind, wie wir sind; und alles, was wir sind, sind wir aufgrund all dessen, was wir erlebt haben.

Unsere Verletzungen haben uns geformt. Und wir prägen unsere Erfahrungen. Verändern können wir weder die Vergangenheit noch andere Menschen, sehr wohl aber unser Leben und Denken. Denn wir haben Handlungsmacht. Wir treffen unsere Entscheidungen selbst. Auf unserem Weg in die Zukunft nehmen wir alles mit, was uns gegeben wurde. Von Natur aus einfallsreich setzen wir ein, was immer wir haben, auch Leid und Schmerz. Schmerzen prägen und formen uns, und wir gestalten unser Leben.

Ich persönlich glaube nicht an ein irgendwie geartetes Schicksal, Sie aber vielleicht. Viele Leute meinen ja, Schmerzen würden uns helfen, die Person zu werden, die zu sein wir bestimmt sind. Ich denke eher, dass sie uns einfach zu der Person machen, die wir eben sind. Ohne diese Schmerzen wären wir jemand anders, hätten andere Entscheidungen getroffen und würden uns jetzt nicht mit diesem Buch befassen.

In mancher Hinsicht geht es in diesem Buch auch um das Schreiben als Bindeglied. Sie haben Ihre Geschichte aufgeschrieben, und ich wiederum richte diese Zeilen an Sie. Darüber sind wir miteinander verbunden und heilen gemeinsam.

Ein zweites Mal ganz von vorn anfangen kann man im Leben nie. Daran ändert auch der Wunsch nichts, es sei doch möglich. Der würde das Leben nur noch schwerer machen – und das ist doch auch so schon schwer genug. Aber das wissen Sie natürlich so gut wie ich. Finden Sie nicht, dass Sie jetzt genug gelitten haben?

ÜBUNG

Bodyscan (II)

Erinnern Sie sich an die Übung von Seite 33?
Blättern Sie bitte noch mal zurück, wir fangen
jetzt erneut damit an.

Schließen Sie die Augen. Atmen Sie tief ein und
aus. Beim Einatmen zählen Sie bis vier, ebenso
beim Ausatmen.

Diesmal machen Sie es etwas anders: Fokussieren
Sie sich auf all das, was Sie können. Nicht auf
Ihren Schmerz, jedenfalls nicht nur. Werden Sie
sich Ihres wunderbaren, großartigen, kompetenten
Körpers bewusst.

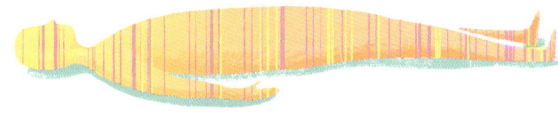

Sie atmen ein und aus. Atmen bis tief in Ihre
Zehen hinein. Spüren Sie, wie der Atem durch
Ihren ganzen Körper fließt: Wirbelsäule, Bauch,
Hüften, Beine, Fußsohlen und Zehen. Erinnern
Sie sich? Spüren Sie Ihre Zehen. Jeden einzelnen.
Bedanken Sie sich bei allen dafür, dass sie Ihnen zu
Gleichgewicht, Stabilität, sogar Eleganz verhelfen.
Bedanken Sie sich bei jedem Zeh für alles, was er
Ihnen ermöglicht. Ich weiß, das hört sich albern
an. Versuchen Sie es aber bitte trotzdem. Atmen
Sie Dankbarkeit ein. Und Schmerz aus.
Atmen Sie in die Ballen, die Sohlen, die Rück-
seite Ihrer Füße. Bedanken Sie sich bei den Füßen.
Dann atmen Sie in Ihre Beine. In die Schienbeine,
die Knochen und Muskeln der Waden. Denken
Sie an alles, was Ihnen Ihre Beine ermöglichen,
das Laufen, Stehen und Gehen. Oder auch daran,
dass Sie in Jeans so heiß aussehen. Atmen Sie
diesen Geist der umfassenden Dankbarkeit bis tief
in Ihre Beine.

Atmen Sie in die Oberschenkel, die Hüften und das Becken. Richten Sie Ihre Aufmerksamkeit beim Atmen dann in Ihre Organe und das Blut. Spüren Sie wieder Ihre Dankbarkeit. Ihr Körper ist herrlich, genau so, wie er ist. Alle Teile Ihres Körpers sind gut so, wie sie sind, selbst die verwundeten. Schmerzen fordern uns zur Ruhe auf, Fieber ist ein Zeichen für die Abwehr von Krankheitserregern. Danke dafür, kluger Body!

Lenken Sie Ihre Aufmerksamkeit in die Wirbelsäule, den Thorax, den unteren Rücken, den oberen, in den Bauch, die Brust, die Schultern. Atmen Sie Dankbarkeit ein, Schmerzen aus.

Richten Sie dann Ihre Aufmerksamkeit auf die Arme, Ellbogen, Hände und Finger. Auch in die Fingerspitzen, Handflächen und Handgelenke. Fokussieren Sie sich auf die Umrisse Ihrer Hand- und Fingerknochen, anschließend hoch in die

Schultern, den obersten Halswirbel, Nacken, Kehle, Kinn, Ihr Lächeln, die Nase und Ihre Augen. Danken Sie Ihren Sinnen.

Atmen Sie Dankbarkeit ein, so tief und intensiv Sie nur können. Und alle Schmerzen atmen Sie aus.

Spüren Sie jetzt Ihre Umgebung wieder und seien Sie auch dafür dankbar. Empfinden Sie Dankbarkeit für den Raum, in dem Sie sitzen, und die große weite Welt da draußen. Seien Sie dankbar für diesen Moment des inneren Friedens. Und sogar für den Schmerz, der Sie hierher gebracht hat. Er war es auch, der Ihnen zu diesem Augenblick der Ruhe verholfen hat, in dem Sie gut genug sind. Machen Sie sich das klar: Machen Sie sich klar, dass Sie gut genug sind.

5

Verständnis und Dankbarkeit

Im Leben wirklich von Belang, schrieb Gabriel García Márquez sinngemäß, seien nicht die Geschehnisse selbst, sondern dass und wie man sie erinnere.[9]

Nun, beim Durcharbeiten dieses Buches haben Sie vieles erinnert, umgeschrieben und sich neue Bedeutungen erschlossen. Zusammen haben wir unsere Handlungsmacht zurückerlangt und sind wieder »ganz« geworden.

Jedes Mal, wenn wir unsere Geschichte erzählen, wird sie komplexer und interessanter. Und mit jedem Mal entfernen wir uns mehr von dem Narrativ, das uns kaputt gemacht hat. Mit jeder neuen Version, die wir erzählen, fördern wir neue Bedeutungen, ein neues Verständnis und neue Möglichkeiten zutage, unsere Wünsche und Bedürfnisse, Geschichten und Sehnsüchte zu kommunizieren.

Die Rückeroberung unserer Geschichte

In diesem letzten Kapitel werden wir versuchen, die drei Versionen unserer Geschichte zusammenzubringen: die über unseren Schmerz, die Geschichte von den Schmerzen und Entscheidungen unseres Gegenparts und die über unsere eigenen Entscheidungen. Wir werden sie nutzen und etwas Neues daraus machen. Ihnen einen Sinn geben. Wir werden schauen, wie das Geschehene uns verändert hat – und die Welt.

Natürlich geht es in diesem Kapitel auch um Empathie. Darum zu verstehen, dass alles, was uns geschehen ist, auch der anderen Partei geschehen ist. Es geht darum, den Schmerz, den wir verspüren, zu dezentralisieren und in ein umfassenderes Narrativ zu integrieren. Es geht also um Perspektive, Dankbarkeit und Sinnhaftigkeit.

Das Geheimnis besteht darin, es so aussehen zu lassen, als hätten Sie das von vornherein so vorgehabt. Als wäre es quasi kein Bug, sondern ein Feature. Denken Sie daran – auch wenn Sie es noch nicht recht glauben können –, dass alles, was geschieht, einen Grund hat. Und dieser Grund sind Sie. Sie wunderbare, komplexe, rücksichtsvolle Person.

Natürlich will ich Sie nicht glauben machen, dass diese ganzen schrecklichen Dinge geschehen wären, weil Sie sie verdient hätten oder weil sie irgendwie vorherbestimmt gewesen wären. Auch glaube ich nicht – und Sie sollten es genauso wenig glauben –, dass alles viel schlimmer wäre, wenn die schrecklichen Dinge nicht geschehen wären. Ihr Leiden hat die Welt nicht zu einem besseren Ort gemacht. Sie ist einfach, wie sie ist. Mehr gibt's dazu nicht zu sagen. Und das ist gut so.

Ein Brief an die Person, die Sie verletzt hat

Vom expressiven gehen wir jetzt zum transaktionalen Schreiben über. Während das expressive Schreiben ein Instrument der Selbstreflexion ist, also der Erkundung unserer geheimsten Gedanken und Emotionen, dient das transaktionale Schreiben dem Austausch von Informationen. In dieser Übung schreiben wir der Person, die uns verletzt hat, einen Brief.

Keine Angst, absenden werden Sie ihn nicht – es sei denn, Sie wollen es. Dann aber würde ich Ihnen empfehlen, einige Wochen zu warten und danach zu schauen, ob Sie es immer noch für richtig halten.

Teilen Sie der Person mit, was Sie aus der ganzen Angelegenheit gelernt haben. Schreiben Sie ihr die Geschichte, zu der Sie nach dem wiederholten Neuerzählen und -erinnern gelangt sind. Berichten Sie von Ihrem neuen Ich und seiner Entstehungsgeschichte. Äußern Sie alles, was Sie Ihrem

Gegenüber schon immer haben sagen wollen. Sie sind stark und gnädig. Jetzt haben *Sie* den Hut auf, nicht die andere Person. Dies ist *Ihr* großer Moment. Es ist genau wie Gandhi einst sagte: »Die Schwachen können nicht vergeben. Vergebung ist ein Attribut der Starken.« Und Sie sind sehr stark.

Erklären Sie auch, dass Sie jetzt wissen, warum die andere Person so gehandelt hat, wie sie es getan hat. Erläutern Sie Ihre Verletzungen. Orientieren

Sie sich dabei an den Szenen in Ihrem Tagebuch der Vergebung. Schreiben Sie sich all Ihren Zorn und Schmerz, Ihre Liebe und Leidenschaft vom Leib. Und vergessen Sie nicht, auch von den neuen Entwicklungen in Ihrem Denken und Fühlen zu berichten. Schließlich schreiben *Sie* diesen Brief. Und Sie haben die Kontrolle. Erklären Sie der Person, was sie Ihnen angetan hat. Und was daran falsch war. Zu guter Letzt teilen Sie ihr mit, dass Sie ihr vergeben. Dass Sie sich von ihr und der Vergangenheit befreit haben.

Natürlich soll dieser Brief der Person, die Sie verletzt hat, keine Gewissensbisse einreden. Sie soll sich nicht schlecht fühlen. Das Schreiben dient lediglich *Ihrem Wohlbefinden*. Und es stellt ein Geschenk dar, das Sie einem anderen Menschen machen – einfach, weil Sie es können. Weil Sie über Stärke, Handlungsmacht und Entscheidungsfreiheit verfügen.

Ein persönliches Treffen

Einige Forscher schlagen für dieses Stadium des Vergebungsprozesses eine »echte« Kontaktaufnahme vor – einen Anruf, ein nettes Wort. Ich aber finde, dass wir zuvor noch etwas anderes versuchen sollten.

Visualisieren Sie ein Plätzchen, an dem Sie sich vollkommen sicher fühlen, das Sagen haben, zuversichtlich, kompetent und mutig sind. Sich geliebt fühlen. (Ich stelle mir mein Wohnzimmer vor und borge es Ihnen gern, wenn Sie mögen. Zur Einrichtung meines Schutzraums gehören ein senfgelber Sessel, weiche Decken und ein Teppich sowie ein großes Bücherregal und ein Sofa.)

Stellen Sie sich vor, dass es an der Tür klopft: Die Person, die Sie verletzt hat, begehrt Einlass. (Keine Sorge, sie kann Ihnen nichts mehr antun. Sie weiß auch, dass es sich um einen Schutzraum handelt und Sie sie jederzeit wegschicken können.) Lassen

Sie sie herein, wenn Sie können. Stellen Sie sich die Person vor: wie sie unbehaglich auf dem Rand eines Stuhles herumrutscht, tief beeindruckt von Ihrem Schutzraum. Malen Sie sich aus, dass dieser Mensch ganz genau weiß, wie gut Sie sich entwickelt haben. Schauen Sie ihm nach Möglichkeit in die Augen.

Sprechen Sie nun alles aus, was Sie sagen wollen. Alles, was Sie in Ihrem Brief (Seite 88) geschrieben haben – jedes Gefühl, jeden Moment, alles, was darauf folgte. Und dann sagen Sie laut so etwas wie: »Ich vergebe dir. Und jetzt kannst du gehen.«

Sagen Sie dieser Person beziehungsweise ihrer Manifestation, sie solle Sie verlassen. Sagen Sie ihr, auf die Sie so lange böse waren und der Sie so lange nicht vergeben konnten: »Du kannst gehen. Du musst gehen. Ich möchte, dass du gehst.«

Ich wünsche mir, dass Sie sich von dieser Person und Ihrem Groll auf sie befreien, damit Sie, wenn Sie mögen und es für angebracht halten, versuchen können, die Beziehung neu aufzubauen. Wenn Sie wollen, können Sie in der wirklichen Welt Kontakt zu ihr herstellen. Aber den Geist, auf den Sie so sauer waren, müssen Sie nicht länger mit sich herumtragen. Wenn Sie es wirklich wollen, können Sie diesem anderen Menschen von Angesicht zu Angesicht gegenübertreten und vielleicht sogar einen Neuanfang wagen.

Das Leben geht weiter

So also endet die Geschichte,
an deren Anfang Ihr großer
Schmerz stand: Sie sitzen still
da und schreiben in aller Ruhe.
Vor sich haben Sie Ihren Kaffee
oder Tee, Ihren Stift sowie Ihr
Tagebuch voller Gedanken und
Geschichten.

Auf diesen Moment haben Sie
lange gewartet, auf den Moment,
in dem diese Geschichte zu
Ende ist und eine neue beginnen kann. Und nun können Sie
auch dieses Buch zuschlagen und
sich ein anderes aus dem Regal
holen. Sie können eine neue
Geschichte wählen.

Anmerkungen

1. Aldwin, Carolyn: »Best To Not Sweat The Small Stuff, Because It Could Kill You«, in: *NPR*, 2014, https://www.npr.org/transcripts/349875448 (zuletzt abgerufen im Oktober 2021)

2. Nerukar, Adita; Bitton, Asaf; Davis, Roger B.; Phillips, Russell S.; Yeh, Gloria: »When Physicians Counsel About Stress: Results of a National Study«, in: *JAMA Intern Med.* 2013;173(1):76f. doi:10.1001/2013.jamainternmed.480

3. Baikie, Karen; Wilhelm, Kay: »Emotional and physical health benefits of expressive writing«, in: *Advances in Psychiatric Treatment*, 2005, 11(5), 338 – 346, DOI: 10.1192/apt.11.5.338

4. Robinson, Hayley; Jarrett, Paul; Vedhara, Kavita; Broadbent, Elizabeth: »The effects of writing before or after punch biopsy on wound healing«, in: *Brain, Behavior, and Immunity*, 2016, 61, 217 – 227, DOI: 10.1016/j.bbi.2016.11.025

5. Worthington, Everett L. Jr.; Scherer, Michael: »Forgiveness is an emotion focused coping strategy that can reduce health risks and promote health resilience: theory, review, and hypothesis«, in: *Psychology & Health*, 2004, 19(3), 385 – 405

6. Davis, Don; Yang, Xioahui; DeBlaere, Cirleen; McElroy, Stacey E.; Van Tongeren, Daryl R.; Hook,

Joshua N.; Worthington, Everett L. Jnr.: »The Injustice Gap«, in: *Psychology of Religion and Spirituality*, 2016, 8(3), 175 – 184, DOI: 10.1037/rel0000042

7. Wong, Joel Y.; Owen, Jesse; Gabana, Nicole T.; Brown, Joshua W.; McInnis, Sydney; Toth, Paul; Gilman, Lynn: »Does gratitude writing improve the mental health of psychotherapy clients? Evidence from a randomized controlled trial«, in: *Psychotherapy Research* 2018, 28(2), 192 – 202, DOI: 10.1080/10503307.2016.1169332

8. Emmons, Robert A.: *Gratitude Works!*, Jossey-Bass 2013

9. in García Márquez, Gabriel: *Leben, um davon zu erzählen*, Frankfurt a. M. 2004